사랑은 기적을 일으킨다

사랑은 기적을 일으킨다

초판인쇄 | 2010년 9월 5일 **지은이** | 서정윤 **E-mail** | sadok1@hanmail.net **펴낸이** | 김영태 **펴낸곳** | 도서출판 한비CO
디자인 | 빗살무늬 053-424-0882 **출판등록** | 2007년 1월 21일 제 25100-2006-27호 **주소** | 700-442 대구시 중구 남산2동 938-8번지 미래빌딩 3층 301호 **전화** | 053)252-0155 **팩스** | 053)252-0156 **홈페이지** | hanbimh.co.kr **이메일** | kskhb9933@hanmail.net **후원** | 월간 한비문학

ISBN 978-89-93214-27-7
값 12,000 원

* 잘못된 책은 교환해 드립니다.
* 저자와의 협의로 인지는 생략합니다.

사랑은 기적을 일으킨다

서정윤

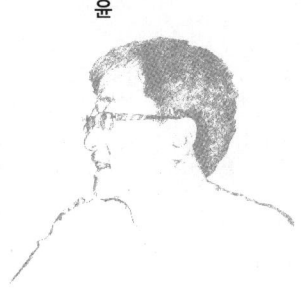

저자의 말

허락한다는 말의 의미를 생각한다.
사막에 홀로 서 있는 우물처럼
당당한 그 말이 비치는 거리
어디쯤이든지 그대의 얼굴이 있다
노을처럼 아련하다.

허락한다는 말은
너를 매 맘에 가진다는 말이고
내 안에 들어와도 좋다는 말이다.
말랑한 찐빵의 따뜻한 속만큼 부드럽고 달콤하다

허락한다는 말같이 듣고 싶은 말이 있을까
해도 좋다는 말이고
사랑한다는 말의 건조함 혹은 비틀림보다
부드럽고 조용하게 다가온다

2010. 여름 끝자락
서정윤

차·례

저자의말 005

등대지기 황금찬 011

가슴이 아플 때는 이수화 014

봄날 박복순 016

6월의 장미 이해인 018

너 있는 그곳에 김혜정 020

등신불 정호승 022

꽃문양 정설연 024

사랑했다는 사실 이생진 026

꽃동네 권영주 028

겨울 강가에서 안도현 030

절로 김미화 032

눈의 나라 김후란 034

어머니의 노래 엄혜경 036

가보지 못한 곳 허형만 038

적응한다는 것은 김금주 040

당신의 노을 염창권 042

첫눈 김운기 044

따르르 나태주 046

떠밀리는 삶 유영호 048

바다에 누워 박해수 050

시소 홍미영 052

겨울 초대장 신달자 054

거미 변호정 056

눈사람 유안진 058

새벽의 노래 오인자 060

가을 유자효 062

삐알밭 이영주 064

그만 파라 뱀 나온다 정끝별 066

극 오정미 068

흙집 고영민 070

옛 집 박문자 072

신차 출고 마경덕 074

히루안돈 신승아 076

얼음호수 손세실리아 078

꽃은 바람 앞에 선다 김중영 080

그리운 시냇가 장석남 082

고요를 뒤척이다 김상은 084

짐진 자를 위하여 이승하 086

나비 이재관 088

강 신광철 090

자주 감자꽃 한상화 092

날개를 가지고 김영태 094

해인사에 짧은 하루 장일선 096

박수의 힘 김원중 098

시골 풍경 김순희 100

가랑잎 허영자 102

마음이 울렁거리는 날 시장에 간다 권경자 104

사물의 말 류인서 106

그리움, 슬픔이라고 말하지 말자 최석근 108

해거름의 시 　추은희　110

아버지 생각 　이문조　112

나는 나무를 이해한다. 　김이듬　114

별을 꿈꾸며 　하수정　116

고니 발을 보다 　고형렬　118

화장장에서 　하성자　120

석간수石間水 · 　허일　122

바다의 고향 　정영란　124

한 사람을 사랑했네 1 　이정하　126

바람에 기대어 　김정희　128

기다린다는 것에 대하여 　정일근　130

숲의 사계(四季) 　고산지　132

소주병 　공광규　136

동백꽃 　차애련　138

작가소개

등대지기 _{황금찬}

등대지기는 바다의 난초
열 길 벼랑 안개 속에 피어 있는
석란

밤이면 등대에 불을 밝히고
비가 오는 낮
안개 덮인 때

긴 고동을 울리며
배들이 무사히
귀향하기를 마음으로 빈다.

풍랑이 심한 날 바위에 서서
흘러간 난파선들의 추억을
더듬어 본다.
석란 잎에 서리는 이슬

열 길 박토에 뿌리를 걸고
해풍에 말리며
변변한 날 없이
그대로 시들어 가는
석란이라 하자.

일 년에 한두 번씩
낯모를 사람들이
찾아 왔다 돌아간다.
가물거리는 돛대 끝에
그리움은 칼날

육지의 계절은
도적이다.
마지막 잎이 지고 나면
바다에 눈이 온다.

바위 위의 촛불이 흔들리듯이
바다의 난초는
눈 속에 묻힌다.

등대 아래서 낚시를 한 적이 있다

등대는 등대 그 자체만으로도 충분히 아름답다

아무리 파도가 발등을 타고 올라와도

지나가던 어선이 발동기 소리를 외쳐도

등대는 다른 등대가 보이지 않아서 외롭다

다른 등대가 보여도 외롭기는 마찬가지다

가슴이 아플 때는　이수화

가슴이 아플 때는
일약 몇 알을 먹는다 한다.
심장을 앓는 이겠죠,

가슴이 아플 때는
시를 읽는다 한다.
악령惡靈을 막는 이겠죠,

오늘 밤
악령은 또 다시 나에게로 와서
가슴 아픈 슬픈이들
보석寶石 보단은 빛나는
시詩가 되어 가겠거니,

이 가을 밤
이 유정할사 가을 밤에
가슴 아픈 이들 곁으로,

세상에는 아픈 사람과 아프지 않은 사람이 있다

이 두 종류의 사람 중에 누구나 속한다

아프지 않은 사람도 속으로는 아프다

그러니까 세상에는 겉으로 아픈 사람과 속으로 아픈 사람의

두 종류가 있다

마음이 아파 견딜 수 없을 때 너도 그렇다고 위로 해 본다

봄날 박복순

꽃 비 내려주는 유년길 따라
앞서거니 뒤서거니 걸었습니다.

흐드러진 꽃잎, 삶의 모습
나붓하게 얹히기에
마주보며 꽃인 양 웃었습니다.

터널 지어진 꽃부리 틈새로
오색 빛 띠가 솔솔 부서져 내리고

들릴 듯 말 듯 나긋한 속삭임이
흩날리는 삶의 흔적.
한 무리로 어울려
어둥둥 담겨지던 수채화 한 폭

어느 봄날의 잔영,
턱하니 마음 벽에 걸렸습니다.

봄 마음은 제비 날개 위에 앉는다.

부전나비 날갯짓보다 빨리

너에게로 가서 안긴다.

네 포근한 품에 나를 포갠다.

6월의 장미 이해인

하늘은 고요하고
땅은 향기롭고
마음은 뜨겁다

6월의 장미가
내게 말을 건네옵니다

사소한 일로
우울할 적마다
'밝아져라'
'맑아져라'
웃음을 재촉하는 장미

삶의 길에서
가장 가까운 이들이
사랑의 이름으로
무심히 찌르는 가시를
다시 가시로 찌르지 말아야
부드러운 꽃잎을 피워낼 수 있다고
누구를 한번씩 용서할 적마다
싱싱한 잎사귀가 돋아난다고

6월의 넝쿨장미들이
해 아래 나를 따라오며
자꾸만 말을 건네 옵니다

사랑하는 이여
이 아름다운 장미의 계절에
내가 눈물 속에 피워 낸
기쁨 한 송이 받으시고
내내 행복하십시오

신보다 욕심 많은 풀이다.

사람의 땅을 민들레에게 조금 내어주면

민들레는 참 고맙다고 인사를 한다.

거기에서부터 민들레는 더 많이 차지하려고 달려든다.

겸손한 척하며 여기저기 땅들을

다 밟고 다니는 민들레를 본다.

바다 건너서 땅이라고 생긴 것은 모두

밟아야 직성이 풀리는 민들레 풀이다.

너 있는 그곳에 김혜정

아침 햇살의 깜박거림을
두 눈에 담으며 걷는
갈대숲 언저리엔
하얀 그리움의 향기가 피어오른다.

사박사박 걸어오는
바람의 등을 타고
하늘 향해 날고 싶은 마음은
이미 너 있는 하늘을 날고 있다.

떠난 보낸 이의 그리움이 숨을 쉬며
민들레 홀씨하나 뿌리 내린 곳
나도 너 있는 그곳에 잎으로 피어나
꽃잎을 받치는 푸른 영혼으로 남고 싶다.

민들레 홀씨의 자유는 바람에게 있다.

내 그리움의 자유가 그대에게 있듯이······.

세상에 기적은 있는 것이다.

간절한 사랑만이 그 기적을 불러올 수 있는 것이다.

등신불 정호승

강물도 없이 강이 흐르네
하늘도 없이 눈이 내리네
사랑도 없이 나는 살았네
모래를 삶아 밥을 해먹고
모래를 짜서 물을 마셨네
발 가게
뒤돌아보지 말게
누구든 돌아보는 얼굴은 슬프네
눈이 오는 날
가끔 들르게
바람도 무덤이 없고
꽃들도 무덤이 없네

자주감자꽃

뿌리의 일을 기억해야 한다

연약한 새싹을 밀어 올리기 위해서는

희고 부드러운 뿌리가 검은 흙을 비집고 들어가야 한다

붉은 장미의 향기를 펼쳐들기 위해

뿌리들은 썩은 낙엽과 짐승의 배설물을 잡아야 한다

꽃만 가지는 우리들의 욕심을 보고

비웃는 뿌리의 뒤를 봐야 한다

꽃문양 정설연

햇살이 꽃 등줄기에서 거미줄 뽑고
그늘이 마음 비켜 기울자
꽃의 명치께에서
엷은 햇살을 빨아들이고
긴 호흡으로 들이마시는
사람의 이름 석 자,
내 인생 그리운 이로 남겨놓은 인연
어찌어찌 살고 있는지 안부를 물으며
온몸의 체온을 전달하면
꽃가루 묻히며 붉어진 채
꽃망울을 터트려 불려나온다
꽃잎에 나의 마음을 실어낸다
아아,
내 마음에 만져지는 꽃문양 때문에
맨바닥에 내려앉는 꽃잎들
바로 몇 걸음 앞에서
아는 척하면 발자국을 놓칠까 고갤 숙이며
눈물 비친 적이 있는 것을 알까
꽃문양, 삭제하지 않는 방식인 것을.

가슴에 그리운 이를

품고 사는 것이 얼마나 힘든 일인가?

사랑하는 사람 앞에서

사랑한다는 말을 하지 못하는 마음앓이를 알 수 있는가?

애틋함이 무지개로 하늘에 다리를 놓을 때

내 가슴에는 진주 알갱이가 자라고 있다.

사랑했다는 사실   _{이생진}

사랑에 실패란 말이 무슨 말이냐
넓은 들을 잡초와 같이
해지도록 헤맸어도 성공이요

맑은 강가에서
송사리 같은 허약한 목소리로
불러봤다 해도 성공이요

끝내 이루지 못하고
혼자서만 타는 나무에 매달려
가는 세월에 발버둥쳤다 해도 성공이요

꿈에서는 수천 번 나타났다
생시에는 실망의 얼굴로 사라졌다 해도 성공이니

기뻐하라
사랑했다는 사실만으로 기뻐하라

사랑은 주고받는 것이 아니다

내가 사랑했는가가 중요한 것일 뿐

사랑받았느냐는 것은 벚꽃 그늘처럼 허망하다

목숨 걸고 사랑하고 그 순간 설레는 가슴으로

행복하였으면 그 사랑은 별이 되어

밤하늘의 낮은 자리를 차지하는 것이다

꽃동네   권영주

꽃동네는
향기로 가득 차 있습니다.

저들의 냄새가 좋습니다
저들의 얼굴이 아름답습니다
저들의 마음씨가 곱습니다

키가 크든 작든
색깔이 붉든 누르든
뿌리가 있든 없든
수군대지 않습니다

살다가 이사 가면
축복해 줍니다
새로운 이웃이 들어오면
함께 웃으며 맞이합니다

우리는 모두
한 동네 주민입니다
정을 나누는 이웃입니다

꽃동네는
언제나 향기로 가득 차 있습니다

시골버스를 타고 가다 보면 길가 작은 마을 옹기종기 모여 앉은 대문 앞

에 접시꽃, 장미꽃, 분꽃, 채송화, 봉선화를 심어둔 마음을 본다.

담장 밖에 심은 마음이 너무 이쁘지 않은가 말이다.

겨울 강가에서 안도현

어린 눈발들이,
다른데도 아니고
강물 속으로 뛰어내리는 것이
그리하여 형체도 없이
녹아 사라지는 것이
강은,
안타까웠던 것이다

그래서 눈발이
물위에 닿기 전에
몸을 바꿔 흐르려고
이리저리 자꾸 뒤척였는데
그때마다
세찬 강물소리가 났던 것이다

그런 줄도 모르고
계속 철없이 눈은 내려,
강은,
어제밤부터
눈을 제 몸으로 받으려고
강의 가장자리부터
살얼음을 깔기 시작한 것이었다

나로 인해 불편한 자가 있어서는 안 되겠다

내가 길을 막고 있을 때 새가 날지 못한다

메뚜기가 뛰는 곳에 벼가 서 있어야 한다

죽음을 살리기 위한 배려가 사과나무로 자란다

해꼬지를 하지 않는 것으로 안도하지 말고

손 내미는 삶이 스스로 벼 잎이 되어

먹히면서도 낟알을 만드는 것이다

절로 김미화

많은 이유 없는 것들 중에서
그래도 다시 이유가 없는 것은
내가 당신을 사랑하는 사실입니다.

팔을 뻗어 당신에게 닿지 않아도
숨결이 당신에게 전해지지 못해도
나에겐 당신이 있어 행복합니다.

이유를 알 수 없고
설명되지 않는 많은 것 중에
가장 밝은 빛이 내 사랑입니다.

내가 들이쉬는 숨결의 공기가 쬐끔은 그대의 가슴속에 들어갔다 나온 것일 수 있다는 사실이 즐겁습니다.

아님, 내가 뱉어 놓은 공기가 언젠가는 그대 속에 들어가 그대의 일부가 될 수 있다는 사실에 나는 오늘도 열심히 숨을 들이쉬고 있습니다.

그대여. 이쪽으로 눈길 한번 주시길……

눈의 나라   김후란

겨울이면 나는 눈의 나라 시민이 된다
온 세상 눈이 다 이 고장으로 몰린다
고요하라 고요하라
희디흰 눈처럼
차고도 훈훈한 눈처럼
고요하라는 계율에 순종한다
사랑을 하는 이들은
안개의 푸른 발
이사도라 던컨의 맨발이 되어
부딪치는 불꽃이 되기도 한다
겨울이면 나는 눈의 나라 시민이 되어
유순하게 날개를 접는다
그러나 이따금 불꽃이 되고
허공에서 눈물이 되려 할 때가 있다
슬픔이 담긴 눈송이들끼리.

눈 내릴 때 아무에게도 연락이 되지 않는다는

사실은 절망적이다

아니 아무에게도 연락할 만한 사람이 없다는 사실이

더욱 고통스럽다

목련 꽃송이만 한 눈이 창에 부딪혀 속을 내어 보이는데 편하게

마주앉아 아무런 이야기 하지 않아도 될 친구 하나 가지는

소망을 내어본다

난로는 벌겋게 달아오르고 있는데 외로운 찻잔만 어루만지고 있다

어머니의 노래 엄혜경

　'사라'호 태풍에 집과 농작물이 휩쓸려가던 날 더 이상 가난이 싫어 부모 몰래 처자식 꺼벙이처럼 이끌고 야반도주했던 불효자, 자식에게만은 가난 물려주지 않겠다고 산 중턱에 슬레트집 둥지 하나 털어 놓고 아버지는 노동자로 사우디 떠나셨다. 구멍 뚫린 문풍지 사이로 들어오는 것은 칼바람과 메케한 연탄냄새. 커져만 가는 아버지의 빈자리로 눈물처럼 '바다가 육지라면'이 어머니의 18번이 되더니, 아버지 편지를 받는 날이면 우리 4남매 한 방에 몰아 재우고 밤늦도록 어머니의 방 불은 꺼지지 않았다. 달 밝은 밤이면 어머니는 아버지께서 만들어 놓으신 마당 한가운데의 시멘트 마루에 걸터앉아 그 노래 흥얼거리셨다. 내 나이 중년이 된 지금 파도소리 귓전에 출렁이는 밤이면 남편 곁에 두고 나도 어머니의 18번 곡 흥얼거리고 있다. 어머니의 그림자 내 발밑에 깔려 어른거린다.

'바다가 육지라면'은 우리 아버지의 18번이기도 했다. 186cm의 큰 키에 약간의 비음이 섞인 노래에 젖어 아버지께서 눈을 지그시 감을 때면 우리는 그 신명에 조금씩 빠져들었다.

여든에 당도하신 아버지는 이제 더 이상 바다도 육지도 아닌, 노래에서도 멀어진 눈길에 빠져 계신다.

가보지 못한 곳 　허형만

칠백 미터 고산지대 산들늪에는
올챙이가 풀을 뜯어 먹는다고 한다
나는 아직 그곳을 가보지 못했다
알타이산 눈표범 주변에는
항시 독수리가 둥지를 튼다고 한다
나는 아직 그곳을 가보지 못했다
해방둥이 이 나이에
가보지 못한 곳 어디 한 둘이랴
솔방울 지는 소리에 놀란 저 달빛도 그러려니.

초식동물의 눈빛으로 살아가는 우리는

그저 늘 바람 부는 대로 흔들린다.

혹 육식동물의 눈빛을 가진 사람을 만나면

너무 떨려서 오금이 저리다.

우리 초식동물의 후예들은 늘 두려움에 살아가는 것이다.

적응한다는 것은 김금주

몹시 아프딘 그해에 소나무분재 한그루가 들어왔다.
물을 듬뿍 주고 거름을 주라고 했다.

나는 당돌하게 말했다.
삼일에 한 번씩만 물을 준다고
소나무도 나처럼 적응할 거라고,
대신 내게 가득한 사랑의 바람을 속삭였다.

그렇게 솔방울 듬성듬성 달고
사계절을 잘 견디어 주었다.
이번 여름엔
매미도 이곳에서 사랑을 찾고 갔다.

잃어버린 계절을 함께 해준 키 작은 소나무
너를 꽁꽁 묶은 이 줄을 이제 풀고 싶다.
족히 삼 년을 함께했으면서
인색한 사랑에 적응해 버렸구나.

사정없이 막걸리 한 사발을 들어부었다.
갈증을 느낀 논바닥처럼 꺼이꺼이 흙속으로
빠르게 스며든다.

미안하다.
적응한다는 것은 이렇게 아픈 것인 것을,

별을 헤아려 종이에 적고는 그 별을 가졌다고 하는 수학자에게

  어린왕자는 별에게 아무런 도움이 되지 않으니 별을 가진 게 아니라고 말

한다.

  새장 속의 새는 나에게 도움이 되기 위해 나 모르는 밤을 얼마나 앞가슴

털을 쥐어뜯으며 참았을까?

당신의 노을 염창권

당신이 노을을 향해 걸어갔을 때,
일몰을 받아내던 구름이
어둠의 품으로 가볍게 안아주었다.
구름 밖으로 신발 한 짝 떠서 흘러가고
모자 하나 출렁이며 따라간다.
내 눈시울 사이로
선홍빛 노을이 타오르는 것은
끝내 햇살을 거두어가는
광막한 시간을 향해
혈흔 같은 기억이 번지고 있기 때문이다.

먼 산이 노을을 어깨에 메고 선다

하루의 마지막 그림자가 거뭇거뭇 묻어 번진다

마지막에 서서 보여줄 수 있는 것이 있다는 것이 좋다

마지막에 보여 주고 싶은 것이 무엇일까

돌아보게 하는 시간이다

첫눈 _{김운기}

배추 흰 나비 떼 하늘 가득
날아오른다.

저녁 무렵이 되면
도시의 묘지는 화려한 십자가로
부활하고
세상의 얼룩진 변명들을 덮으려
천상의 언어들은 대지위에
하얀 꽃씨를 뿌린다.

웃음 뒤에 감춰진
날개 잃은 군상群像
거짓된 도시의 꽃들에게도
하늘 오르는 꿈을 꾸게 하고
땅위에 뒹구는 젖은 사랑에게도
축제의 나팔소리가 되려
배추 흰 나비 떼
하늘 가득 날아오른다.

이번 크리스마스엔 눈이 내릴까?

차가워진 네 손을 체온으로 데우며 거리를 가득 채운 그들 속에 포함된다.

그래도 그런 행복한 날의 기억이 아직은 지워지지 않았다. 따스하다.

따르르 나태주

여름을 보내기 싫은 마지막
매미 소리가 가늘고도 파란 강물을
멀리까지 흘러보낸다
따르르

사람의 마음도
매미소리의 강물을 따라
멀리까지 흘러간다
따르르

들판 끝 어디쯤에서
손가락을 벌려 바람의 머릿칼을
빗질하고 있는 나무 한 그루를

하늘 한 구석에 웃통을 벗고
가늘게 눈을 치뜨고
일광욕을 즐기는 구름 한 송이를 만나고

파랗이꽃 빛으로 꽁꽁
숨어 있는 너를 만나기도 한다

아, 오늘도 나는 숨쉬는 사람이어서
얼마나 좋은가!

매미소리가 과수원을 에워 싼다

모든 매미들이 한꺼번에 울어 쌓는다

울지 않는 것은 매미 아닌 줄 알았다

우는 것은 매미뿐인 줄 알았다

그래도 계절은 가고 우리는 떠나간다

소리를 속에서 침묵하고 있다

떠밀리는 삶 유영호

늦은 점심으로 배부른 게으름이
담벼락에서 졸고 있는 날
폐지너미 하나 비틀거리며
언덕을 오른다.

쿨럭이는 기침이 한 걸음 앞서가고
식은 밥 한 덩이가
힘겹게 매달려있는 수레는
들피진 육신을 서럽게 밀고 있다

들숨은 너무 큰 바람이 되어
발 앞에 떨어지고
내딛는 흔들림마다 구덩이 패어져도
어린 손녀 급식비 낼 수 있다고
눈을 감으며 신음을 삼킨다.

비틀거리는 바퀴나 떠밀려가는 삶이나
실려 가는 폐지만도 못한 것
밀고 가는 수레가 각다분하다.

폐지 모으는 할머니의 검은 손에는 그래도 빛나는 별이 잡혀 있다.

수호천사의 날개가 화안하게 빛난다.

지친 손등의 혈관을 흐르는 것은 죽음에의 공포와 체념이 아닌

다음 세대에 건네줄 희망의 별빛이다.

선명한 약속이 이어지고 있다.

바다에 누워   _{박해수}

내 하나의 목숨으로 태어나
바다에 누워,
해 저문 노을을 바라본다
설익은 햇살이 따라오고
젖빛 젖은 파도는
눈물인들, 씻기워 간다
일만(一萬)의 눈초리가 가라앉고
포물(抛物)의 흘러 움직이는 속에
뭇 별도 제각기 누워 잠 잔다
마음은 시퍼렇게 흘러간다
바다에 누워
외로운 물새가 될까
물살이 퍼져 감은
만상(萬象)을 안고 가듯 아물거린다.
마음도,
바다에 누워
달을 보고, 달을 안고

목숨의 맥(脈)이 실려간다
나는 무심(無心)한 바다에 누웠다
어쩌면 꽃처럼 흘러가고
바람처럼 사라진다
외로이 바다에 누워
이승의 끝이랴 싶다

바다는 동경의 세계이다

늘 가고 싶은 곳인데 또 막상 도착하면

쉽게 허용하지 않는다

바닷가에 서서 수평선을 바라보고 있으면

나는 방관자가 아니라 소외된 자이고

버려진 자이며 결국 외톨이 일 수밖에 없다

바닷바람 앞에 서면 아무도 손을 잡아주지 않는다.

시소 홍미영

올랐다가 내려왔나요?
삶의 계단 껑충 뛰어
하늘보고 다시 곤두박질 땅을 밟고
교만도 욕심도 모두 버려요

올라가면 근신하고 내려오면
기죽지 말고 꿈꾸고
생의 계단 언제나 공평한 시소

오르는 길 있으면
반드시 내려오는 길
오늘도 기죽지 말기로 해요

신나는 생명의 시소
올랐다 내렸다 흥겨운 마음으로
즐기기로 해요, 꿈의 씨를 뿌려요.

아이와 함께 놀이터에 간다. 시이소 저쪽에 앉히고 이쪽에 앉는다.

내가 일어서면 내려가고 낮게 앉으면 올라가는 아이의 자리.

이듬해의 꽃과 열매를 위해 스스럼없이 거름이 되는

가을 낙엽처럼 나는 떨어질 준비가 되어 있다.

겨울 초대장 　신달자

당신을 초대한다.
아름다운 눈을 가진 당신.
그 빛나는 눈으로 인생을 사랑하는 당신을 초대한다.
보잘 것 없는 것을 아끼고 자신의 일에 땀 흘리는,
열심히 쉬지 않는 당신의 선량한 자각을 초대한다.
행복한 당신을 초대한다.
가진 것이 부족하고 편안한 잠자리가 없어도
응분의 대우로 자신의 삶을 신뢰하는
행복한 당신을 기꺼이 초대한다.
눈물짓는 당신, 어둡게 가라앉아
우수에 찬 그대 또한 나는 초대한다.
몇 번이고 절망하고 몇 번이고 사람 때문에
피흘린 당신을 감히 나는 초대한다.
당신을 초대한다. 겨울 아침에…….
오늘은 눈이 내릴지 모른다.
이런 겨울 아침에 나는 물을 끓인다.
당신을 위해서.

겨울은 튼튼한 겨울의 다리만으로도 충분히 쓸쓸하다

발자국 소리로 우리를 부른다.

가슴 저 밑에서 아픔이 올라온다.

겨울의 사랑은

눈 속에서도 꽃이 핀다.

거미 변호정

끊어질듯
끊어질 듯
한 가닥 외줄에
위태롭게 매달려 내려서지 못하고
낯선 허공 저으며
헛발길질 하고 있는
한 마리 거미를 본다.

거미가 짜 놓은 집
거문고 타듯 툭, 팅기면
한 생生 버티던 돌들이 와르르-.
무너진다.

제 몸에
제 집에 갇혀
십자로 매달려 한사코
신화의 책장을 넘기고 있는

거미의 무너진 집 뒤에
검은 털이 옹숭스럽게 난 자신의 다리를
측은한 눈길로 내려다보는
외롭게 웅크린 네 모습 본다.

내 얼굴 걸려 흔들리고 있다, 거미줄에.

거미는 거미대로 나름의 삶을 열심히 지켜나갈 따름이다.

나의 시선에 매달린 거미

스스로의 삶을 느낄 여유도 없다.

아니, 내가 삶의 줄이 매달린 거미처럼 대롱이고 있다.

눈사람   유안진

사람이 그리운 날엔
눈사람을 만들자

꿈의 모습을
빚어보자

수묵화水墨畵 한 폭 속에
호젓이 세워놓고

그윽이 바라보며
이 겨울을 견디리

꿈이여 언제나
꿈으로만 사라져도

못내 춥고 그리운 날엔
사람 하나 빚어 눈맞춤하리라

학창시절 눈이 많이 온 날이었다.

자연스레 교회에 모여 눈싸움을 하게 되었다

남학생 모두의 선망의 대상이던 여학생은 다른 편이였다

멀리서 눈을 뭉쳐 던진 한 덩이가

그 여학생을 맞추게 되었다 정말 우연이었다.

그로 인해 나는 그 교회에서 추방되었다

정말 우연인 사건 하나로 나쁜 놈이 된 것이다

새벽의 노래 오인자

가시덤불을 비집고 들어온 한줄기 햇살
아프게 찔린 상처의 흔적 지닌 채 어둠을 열면
아직 깨지 못한 엷은 꿈의 언저리에서
내 유년의 노랫소리가 들린다.

밥상머리에 앉아, 채 흙을 떨어내지 못한
손으로 수저를 드시는 아버지
새벽 들녘 언저리에서 묻혀온 이슬이 채 마르지 않은
어머니의 머리 수건을 보며
살아 있음을 느끼던 푸릇한 아침.

그러나 오늘도 텔레비전에선 온통 죽음만 이야기한다.

사람들은 살아가는 것이 힘들다고
저려오는 손끝, 빨갛게 부풀어 오른 코끝을 훌쩍이며
어둠 속 공허한 내일을 약속한다.

흙빛 어둠이 짙어 오면 마침내
그 어둠을 거두어내는 빛도 눈부시리라
살아가는 것이 아름다운 것은 순한 아내의 눈빛
까르르 웃는 젊은 자식들의 굵은 머리가 대견스러워

허허 허허 웃고 어둠 속을 걸어 나오며
허기진 허리춤을 채어 올리며 웅성거리는
새벽 인력시장 한 켠에 선다.

상처 난 햇빛이라도 기다린다.
살아있는 푸릇한 생명력을 기다린다.

새벽은 밤의 일부이자 연속이다.

죽음도 삶이 연속된 어디쯤 버티고선

검은 비석 돌의 한 파편일 뿐이다.

삶과 죽음을 가르는 것이 무의미하다고 할 것이다.

가을 유자효

할아버지의 할아버지
그 할아버지의 할아버지가
까마득한 손자에게 통신을 전해왔다
갈색으로 붉은색으로 노란색으로
산하를 가득 채운 빛깔들에 가슴 설렘은
할아버지의 할아버지
그 할아버지의 할아버지가 설레어 했던
그때의 마음이다
오늘 나는 하나의 통신을 보낸다
내 손자의 손자
그 손자의 손자에게
시간을 타고 흐를 통신은
까마득한 시간을 거쳐
내게 전해 온 바로 그
가득한 빛깔들의 설레임이다
끊임없이 이어지는 황홀한 흐름
그 유현함

때로는 짧게
때로는 길게
시간은 아름답게 흐르고 있다

봄이나 여름 혹은 겨울에 인생의

쓸쓸함을 느끼는 사람은 없다

봄이나 여름은 그렇다 쳐도 겨울에는

더러 있을 법도 한데

다들 흰 눈꽃만 내어 놓는다

가을은 화려하고 풍성하지만 쓸쓸하다

노을이 마지막 생명으로 아름답듯이 조그마한

나뭇잎들도 자신이 가진 가장 화려한 색깔로

마지막 삶을 표현한다

마지막이 아름다운 사람이 있을까

삐알밭 이영주

고향 안산, 아래 고개 삐알밭 밤고구마
입 사는 꼴머슴 깔비 한 짝 공가 놓고
서리한 생고구마 이로 깎아 허기 떼운다.

배고픈 산돼지들 알밤 꿀밤 부숴봐도
입만 달짝 배는 고파 이산저산 먹이 찾다
눈에 불 켜 어둠 뚫고 고구마 밭 서리한다.

매년 농사 망쳐버린 허탈한 밭주인
삐알밭 한 자락 저승 땅 집 지어놓고
어메 아베 한데 모여 밤낮없이 망을 본다.

비탈진 밭을 일구기가 얼마나 힘든 일인가?

일 년 농사 도둑맞길 3년 만에 아부지와 어무이는 결국 헐값에 밭을 처분하고 도시로 나왔다.

아무도 도와주지 않는 힘겨움.

아직도 혼자인 삶이다.

그만 파라 뱀 나온다 정끝별

속을 가진 것들은 대체로 어둡다
소란스레 쏘삭이고 속닥이는 속은
죄다 소굴이다

속을 가진 것들을 보면 후비고 싶다
속이 무슨 일을 벌이는지
속을 끓이는지 애를 태우는지
속을 푸는지 속을 썩히는지
속이 있는지 심지어 속이 없는지
도무지 속을 알 수 없다

속을 알 수 없어 속을 파면
속의 때나 딱지들이 솔솔 굴러 나오기도 한다
속의 미끼들에 속아 파고 또 파면
속의 피를 보기 마련이다

남의 속을 파는 것들을 보면 대체로 사납고
제 속을 파는 것들을 보면 대체로 모질다

잠드는 게 두렵다

내가 잠자고 있는 사이에 나를 둘러싸고

있는 모두가 사라질까 두렵다

나를 나 되게 하는 것들로부터

떠나 새로운 세계에 새로운 영혼으로

떨어지는 것이 두렵다

극 오정미

촘촘한 그물망 손질
넓디넓은 대양을 겨누고

소박한 갑판 차가운 주먹밥
거센 파도와 싸우고

사랑스러운 물고기를
창으로 찔러 버린다

젊은 기혈 올라오는 파도와 푸른 대결
펼친다, 물거품 날리며.

노년의 선장은 푸른 물결과
부부 연을 맺어 황혼을 나눈다.

바다의 문을 열어본다.

그 속에 숨은 꽃의 가슴을 열고

내 붉은 입술을 집어넣는다.

나비는 날개에 그려진 무늬를 보여 줄 수 있다.

그래도 우리는 나비의 마음을 가질 수는 없다.

흙집   고영민

건너편 산기슭에 흙집 한 채가 허물어지고 있다
누구 네의 집이었을까
슬프다,
이름이 있었다는 것은

솔가지를 꺾어 불을 먹여 살렸을 집
한때 방이고, 문이고, 벽이었던 곳
아랫목엔 누렇게 타버린
마음자리가 남아 있는
마루까지 햇살을 들였다가
천천히 물렸을

노란 알전구가 있던 곳
문고리를 잡아당겨 숟가락을 걸어놓고
여윈 무릎을 만지며
혼자 중얼거려보다
잠들었을 집

흙으로 지은 집은 방문도 작고 창문도 조그마하다

그 안에 들어가 앉아 있으면 어머니의 자궁 안에 있는 것처럼

편안하고 포근하다

벽지 안에서 흙벽돌 가루가 떨어지고 소리가 수시로 나도

흙 속에 있는 것처럼 안전하다

흙은 우리 몸의 전부이기에

옛 집 박문자

처마끝 숨어있는 그리움
황혼에 걸렸다
골 깊은 자욱마다
깔아놓은 이야기
옛집 매화꽃 가지마다
소근 대며 달렸다.
기왓장 돌꽃 웃으면
슬픔 되어 떠난다.
마른 바람 구르는 뜨락
가을이 일러준다.
옛집 장맛은 '어머니'였다고
온종일 태양은 혼자서 서성댄다.
손바닥보다 작은 코고무신 한 컬레
댓돌 위에 가지런하다.

기억의 한쪽 손을 잡고 장독대를 서성이면

자신이 젊지 않다는 흔적이라고 했다.

자꾸 추억 쪽으로 기웃거리는 것이

자연스러운 나의 모습이 되어 버렸다.

어느새 이만큼 지나와 버렸다.

신차 출고 마경덕

물류센터차가 차를 업고 지나간다
이층에 둘, 아래층 하나,
차 넉 대가 한 몸이 되어 달린다
갓 출고된 소나타 아반떼 베르나
아직 첫걸음도 떼지 못한 신차들
삶은 연습이 없다는 걸 모르는 초보들이
덩치 큰 차에 업혀 어디론가 가는 중이다
신호등에 얽힌 사거리가 풀어지는 동안
높은 곳에 얹혀 으스대는 초보가들
기운차고 매끈한 온몸에 광택이 흐른다
세상으로 나온 초행길, 한 번도 들이받은 적 없는
헤드라이트는 호기심으로 반짝인다
어미 등처럼 편안한 저 등은 처음이자 마지막
생에 딱 한번 업히는 호강은
차를 만든 사람이 베푸는 마지막 사랑이다
태클로 발을 거는 세상
삶이 호락호락하지 않다는 걸 알기까지

저들은 행복한 신차이다
탱탱한 네 개의 바퀴가 바닥에 닿는 순간,
내비게이션에 묶여 진창길 오르막도 뛰어들어야 할 것이다
평생 달려야할 저 길이 얼마나 무서운 줄 모르고
순순히 길을 따라가는 저것들
제자리가 아닌 곳에 함부로 들어섰다가
두 발로 서서 끌려가기도 할 것이다
털썩, 바닥에 주저앉을 때까지
길은 쉽게 저들을 놓아주지 않을 것이다

차가 차를 업고 간다

사람이 사람을 업고 간다

구름이 구름을 업고 간다

목숨이 목숨을 업고 간다

영혼이 영혼을 업고 간다

내동댕이치지 않으면 고맙다

히루안돈 신승아

어쩌면 가장 밝은 등불이리라
밝히다 밝히다
빛이 보이지 않는 별처럼
애써 찾지 말자
살다가 살다가 그렇게
돌아다본 내 발자국처럼

너나 내나
그렇고 그렇게 지나쳐 버린 인생인양
뭐 그리 다를 게 있으려나.

웬 스님이 그러더라
너는 한바가지 물이라고
굉음하는 폭포수에 끼얹으면
그만이라데

보일 듯 뵈지 않는 것이고
잡으려면 만질 수 없는 것이
너나 내가 사는 세상사 라데

이것도 저것도
욕심 부릴 것 없는 게다
원래 없던 거였으니께

훤한 낮에 등불한번 밝혀보소
모든 게 보일게다.

*히루안돈-일본어로 낮에 켠 등을 말한다.
　일본사람들은 무용지물일 때를 일컬을 때 이 용어를 사용한다.

집에 돌아오지 않은 식구가 있으면 할머니는 밤새 마당의 알전구를 끄지

않으셨다.

　가로등 없는 시골 길,

　불빛보고 어여 오라고……

　아침까지 환하게 마당이 빛나던 날이 있었다.

얼음호수 손세실리아

제 몸의 구멍이란 구멍 차례로 틀어막고
생각까지도 죄다 걸어닫더니만 결국
자신을 송두리째 염해버린 호수를 본다
일점 흔들림 없다 요지부동이다
살아온 날들 돌아보니 온통 소요다
중간중간 위태롭기도 했다
여기 이르는 동안 단 한번이라도
세상으로부터 나를
완벽히 봉(封)해본 적 있던가
한 사나흘 죽어본 적 있던가
없다, 아무래도 엄살이 심했다

창문을 닫는다

하늘과 이제 단절한다

마음을 닫는다

이제 너를 해방시킨다

나를 해방시킨다

바람의 문을 닫는다

사람 하나하나가 의미를 갖는다

꽃은 바람 앞에 선다 김중영

바람은 그대 앞에 서 주지 않는데
그대는 어쩌려고
바람 앞에 서 있는가.

땅으로 떨어져
주검으로 남아야 하는
소멸의 끊임없는 반복
푸른 입새로 나누어지고
바람에 흔들리는 이름 하나
어찌 나뭇가지에 걸어두는가.

태양이 땅으로 내려오면
새 삶의 숨결, 따스한
뿌리로 남겨두고
먼 길 돌아온
계절의 강물 소리에
꽃으로 다시 태어나야 당당할 수 있다.

바람 앞에 당당한 삶을 위해

뿌리는 부지런히 흙속을 헤집고 있다.

삶은 그리움의 밑그림 위에 그려진 수채화로 보인다.

다시 새로운 그림을 그리기 위해서

스케치 북을 넘길 때가 되었다.

그리운 시냇가 장석남

내가 반 웃고

당신이 반 웃고

아기 낳으면

돌멩이 같은 아기 낳으면

그 돌멩이 꽃처럼 피어

깊고 아득히 골짜기로 올라가리라

아무도 그곳까지 이르진 못하리라

가끔 시냇물에 붉은 꽃이 섞여내려

마을을 환히 적시리라

사람들, 한잠도 자지 못하리

시냇가 돌멩이처럼 어린 시절을 보냈다

여름 햇살에 그대로 노출되어

허물이 버즘처럼 벗겨지곤 했었다

벗겨진 새살은 검은 윤기가 자르르 흘렀다

그렇게 강가를 우리는 누비고 다녔다

자랑할 거리 아무것도 없이 우리는 돌멩이가

되어 살아온 것이다

고요를 뒤척이다 김상은

창밖에
돋은 달이
고요를 물고 있다

뒤란에
지는 갈잎
그 고요 밟는 소리

이 몸은
새우잠으로
고요를 뒤척인다.

침묵은 말에서 나온다.

별빛 떨어지는 마당

말이 끝나는 지점에 옹기종기 모여 있다.

그리고는 가만히 고개를 들고

나를 쳐다본다.

오늘 하루 너무 많은 말을 했나 보다.

짐진 자를 위하여 이승하

너의 짐을 져주는 일이 얼마나 고통스러웠던가를
너는 생각해본 적이 있는가
나는 고통에 짓눌려 딱정벌레처럼 위축되어
이게, 기어가는 것인지 죽어가는 것인지
촉각 잘린 귀뚜라미처럼
관절염 앓는 어머니처럼
나는 살아가고 있는데
네가 캄캄한 밤에 돌이 되어
내 앞에 엎드리면
나는 너를 지고
너의 짐까지 지고
어디쯤에 이르러 숨돌려야 할까
울음 참으며 당도한 곳이 막다른 골목이면
울음을 그냥 터뜨려야 하는지
돌아서서 다시 걷기 시작해야 하는지
나는 알 수 없다 사람이기 때문에
사람이기 때문에 무력감에 절망하고

공포에 질려 부르짖기도 하지만
기적을 꿈꾸진 않으리라
부끄러움에 떨며 받아들이리라 너의 짐을
나의 짐 위에 너의 짐을 얹어
더 어두운 세계를 찾아서 갈 터이니
자거라 지금은 잠시 자두어야 할 때.

아무도 짐을 지려고 하지 않는다

힘든 것은 피해가려 한다

친구의 가방을 대신 들어주려 하지도 않고

아무리 친해도 가방을 맡기지 않는다

삶의 짐이 정말 무거워 쓰러져야 할 때

마음을 나눌만한 친구 하나 가져야 한다

그걸 위해 내가 먼저 손 내밀어 짐을 맡는다

나비 이재관

내 말을 들어줄 사람이 있다는 건
큰 기쁨입니다.

내 귀에 쏙 들어오는 말을
해주는 사람이 있다는 건
더 큰 기쁨입니다.

우리의 믿음, 소망, 사랑이
나비처럼
조용히 찾아와 내려앉는 곳

오, 그곳은
항상 꽃피어 열려 있는
귀와 귀
그리고 그 사이의
둥근 언덕들 해인사의 짧은 밤_입니다.

날마다 흉흉한 소식이 뉴스로 전해지고

사람이 사람을 겁내는 시절이다.

내 귀는 닫고 남의 귀만 열어놓은 시대

우리 귀가 상대를 위해 열려

오고 가는 말이 한 마리 나비 되어

서로에게 꽃으로 피어나는 시절이 되었으면 좋겠다.

강   신광철

이미 오랜 기간 흘러 나이 먹은 강이시만
아직도 산고産苦로 출렁 인다

세월은 쌓이는 것이 아니라 흐르는 것이다
쌓이는 것은 무너졌고 흐르는 것은 다시 새로웠다
명예도 돈도 강물을 닮아 흘려보내야 길이 열렸다
몇몇 물고기들은 강물을 거슬러 올라갔고
강나루를 건너던 어부는 얼굴에 깊이 파인
세월의 길을 쓰다듬으며, 흘러 보내야 하는 것들에게서
하루를 건져 올린다
생의 어떤 것도 다 잡을 수는 없었다

나이를 먹어서도 청춘을 회복하는 강은
머물지 않았고, 어부는 물을 가두지 않았다.

시냇물이 되어 흐르다가 개울이 되고

강물이 되어 흐르는 것은 우리 생명의 핏줄과 같다

모든 흐르는 것은 흔들린다

구겨질 수 없는 것이라야 흔들린다

빵 봉지를 구겨서 버릴 때

유년의 생일날 아버지의 손길을 느낀다

자주 감자꽃 한상화

서울행 완행버스는 만원이었다.
아직 철없는 어린것들은
보리방아 절구통에 매달려
어미의 마른 젖을 보챘고,
처녀들 저고리 앞섶이 흥건했던 정류장엔
슬픈 사랑이 울었다

감자를 벗기던 달챙이 수저가
심한 입덧을 하던 저녁,
시렁 깊이 밥사발 하나
깨끗이 닦여 올려졌다.

벚꽃 내리는 날 하얗게 머물던 마음
그대 어깨에 내린다.

눈썹 끝에 걸리는 시린 달빛
그대 사랑 아직
내 가슴에 도착하지 않았지만

벚꽃 다 내린 연초록의 봄날
발목까지 쌓이는 꽃눈을 지나
그대 푸른 발걸음 재게 오리라.

벚꽃 내리는 날
웃는 얼굴 묻은 꽃잎이
하얗게 나를 물들인다.

6월 하교 길에 감자밭에 들러 손을 넣으면 주먹보다 큰 감자알이 네댓 개씩 잡힌다.

다 두고 하나씩만 협조를 받아 우리는 강변에 불을 피웠다. 금호강에 멱을 감다 나와 먹으면 이보다 맛있는 건 세상에 없었다.

날개를 가지고 김영태

울지 말아라
날개가 있다고
모두 날 수 있는 것은 아니다

날지 못하여
날 수 있다는 꿈을 가지면
날아다니는 것보다 행복하다

울어야 할 때는
날지 못하는 것이 아니라
날개를 잃어버린 때이다

울지 말아라
눈물이 남았다는 것은
날개가 싱싱하게 숨쉬고 있다는 것이다.

날개 있는 것들은 약았다는 생각이 든다

우리는 걸어가는 길도 그들은 날아간다

땀을 뻘뻘 흘리며 고생하는 산길을

상승기류를 타고 가볍게 올라간다

날개가 없다는 것만으로 그만큼의

비애를 지고 태어난 것이다

부자인 부모를 가지지 못한 것만으로

슬픔인 것과 같은 것이 되었다

해인사에 짧은 하루 장일선

멀고 긴~
오솔길 하나
하염없는 걸음 걸음

솔바람 내려와 하늘소리,
새소리 물소리
영혼의 발을 씻고

두 손 모아 소근 소근
이 내 몸 산사에 취한
산 그림자 길게 깔아 선다.

돌아가는 아득한 길
붉은 먼지 오르는
삶의 자리, 거기를 간다.

해인사 계곡 흐르는 솔바람 소리에 마음의 때를 씻는다.

윤회의 거대한 수레바퀴를 멈추고 내리고 싶지만

벗어날 수 없는 인연의 불꽃.

사람의 입에서 나오지 않은 진언(眞言)이 구름 덩이로 뭉쳐있다.

삶의 꿈이 별다르지 않은 것이다.

박수의 힘 김원중

이탈리아가 낳은 세계적인 테너가수 파바로티
젊은 날 처음으로 무대에서 노래를 불렀는데
노래가 끝나도 아무도 박수치는 사람이 없었다.
그때 객석에서 한 아이가 벌떡 일어나더니
"아빠, 최고야!" 하고 소리쳤다.
그제서야 객석의 다른 관중들도 한 사람 두 사람
일어나더니 박수를 치기 시작했다.
파바로티는 훗날 세계적인 테너가수가 되었다.
어려울 때 박수쳐 주는 것이 가족이다.

별들이 두드리는 박수소리를 듣는다.

부자 되었다는 박수소리가 아니라

시 한 편 외웠다는 박수소리.

사랑에 성공했다는 박수소리가 아니라

이별의 아픔을 아물게 했다는 박수소리이다.

꽃이 화안하게 피었다는 박수소리가 아니라

꽃 떨어진 가지에 피 흘림이 멎었다는 박수소리가

밤하늘 가득히 울려 퍼지고 있다.

시골 풍경 김순희

두레박 맑은 샘가
살구나무 달렸네, 앵두나무 열렸네.
장독대 맨드라미 수북하고
밤나무 호두나무 시원함을 불러온다.

탱자나무 울타리 뒷집 마당 보여주고
대추나무 한여름 가지가 늘어진다.
앞마당 감나무엔 매미가 요란하고 복실이와
노랑 병아리 낮은 소리로 잠을 청한다.

우리 안 동물농장은 조용하기만 하고
대문 활짝 열어 오가는 이 반기며
시원한 물 한잔 나누어 주고
눈빛도 나누어 가진다.

샘 집 동물농장 울타리 안 과수원에
물 한 대접 정 한 대접
시원한 여름 나누며 산다.

시골 샘에서 물을 푸다가 그만 두레박을 떨어뜨린 적이 있다.

그러자 누나가 바깥으로 구부러진 삼각 다리의 철사를 가져와 이리저리

휘적이더니 두레박을 건져내었다.

누나는 아직도 내 삶을 건져낼 준비를 하고 있나 보다.

가랑잎 허영자

어머니 손을 잡으면
바스락 소리가 난다

어머니는 가벼운
가랑잎이다

이제 곧
찬바람에 쓸려가리

서러운 겨울눈이
그 위에 쌓이리.

여든의 아버지는 가랑잎처럼 말라있다.

조그만 힘에도 바스락거릴 것만 같다.

이미 바람이 만들어 놓은 길에

찍어놓은 두어 개의 발자국이 흐릿하다.

어릴 적 기억에 할머니가 그랬던 것 같다

나이테처럼 감춰져 있는 핏줄의 흐름이 또한 그러하다.

마음이 울렁거리는 날 시장에 간다
권경자

텅 빈 하늘 내 눈에 담겨
마음 멀미하는 날
정선장에 간다.

장터 국밥집 늙은 가마솥
할머니 푸근한 마음이
모락모락 피어오른다.

곤드레 나물밥
콧등치기 국수
메밀 부꾸미
어깨동무하는 장터

추억 한 소쿠리 인심 한 보따리
덤으로 얻으면
푸른 하늘 가득 날라리 소리가 들린다.
엿장수 아저씨 지나간다.

마트 시식코너에서 만두 반쪽, 혹은 과일 조각이나 빵을 주워 먹기보다

목요시장에서 어깨 부딪히며 삶의 소릴 듣는 것이 더 싱싱하다.

수수떡 한 봉지 사들고 게장 가게 앞에 줄을 선다.

푸른 바다 펄떡이던 고등어와 눈을 맞추면 머릿속을 울리는 파도소리, 뱃고동 소리 마음에서 일어서고 있다.

사물의 말 류인서

나는 빛을 모으는 오목거울이지
자전거의 은빛 바큇살 사이에 핀 양귀비꽃
세계와 세계 사이를 떨며 흐르는 공기
회오리를 감춘 강물이지

조용히 밤의 표면을 미끄러져 가는 유령들의 범선
나비걸음으로 다가오는 폭풍우지
땅의 중력을 거슬러 솟아오르는 새
태양을 애무하는 파도의 젖가슴이지
춤추는 방랑자지, 나는

멀리 있는 별보다 더 멀리 있는 별
네가 잡은 주사위의 일곱째 눈이지

세계의 벽을 두드리는 망치,
나는 그 끝나지 않는 물음이지, 기다림이지
아침을 향해 절뚝이며 달려가는 괘종시계
발기하는 소경의 지팡이지, 날선 창끝이지

네가 나를 들을 때,
너의 눈이 나를 쓰다듬을 때,
나는 너에게 덤빈다 먹어치운다
먹으며 먹히며 너와 나는 서로 끝없이 스민다
내가 너를 수태하고 네가 나를 낳는다

너와 나, 마주하는 두 개의 사물
사이에서 넘쳐흐르는 낯선 세계의 즐거운 멜로디

하나의 기억이 들어서면

하나의 기억이 자연스럽게 밀려나간다.

새로 한 명의 얼굴이 머릿속에 자리 잡으면

어느새 희미한 옛 기억이 문을 닫고 나간다.

손 내밀어 봐도 뒤돌아보지 않고 가버린다.

뒷모습만으로도 깊은 가슴속이 쓸쓸하다.

아름다운 관계의 수채화가 노을진다.

그리움, 슬픔이라고 말하지 말자
최석근

그대,
마른 가슴을 적시는 그리움은
눈물이었다고 말하지 말자.

언 땅을 밀치고 솟아올랐던
뾰족한 연초록 복수초
생명의 몸짓 아니었겠는가?

깊은 샘에서 길어오는 차가운 그리움
눈물로 떨어진다.
어찌 슬픔으로만 떨어지겠는가?

그리움이 그리움을 만나는
그 길에서는
수정보다 맑은 눈물이 아니겠는가?

그대, 어느 햇살 좋은 날
가슴팍에 한줌 뭉클한 손길이 느껴질 때
발길을 세워놓는 바람으로 만나도
오랜 그리움의 만남이 아니던가?

그리움은 삶을 이끌어가는 수레이다.

우리는 그 수레에 앉아

저 혼자 멀어져가는

풍경을 지키고 있을 뿐이다.

해거름의 시   <small>추은희</small>

해거름의 떨림의 시간
붉게 탄 노을의 채색 속엔
무엇이 있을까
어떤 의미가 있을까

육체의 세포 하나하나에
밝혀 스며드는 이유理由

해거름의 떨림의 정체正體
무엇인가

고요와 격동과 자성自省과
함께하는
그러한 교향악

어둠이 시작하는 시간을 알리고 있다.

밝음이 끝나는 경고음이 울린다.

어둠은 육식동물의 시간이다.

초식동물들이 하루의 일을 마치고 휴식하는 동안

육식동물의 눈은 빛나기 시작한다.

생명을 이어가기 위해 한 생명을 끝내야 한다.

아버지 생각 이문조

앞 냇가에 찔레꽃
하얗게 피고
뒷동산 아카시아
송이송이 피어나는 오월

시골집
아버지 방문 앞에 서면
"완나 오늘은 노나"
하시던 아버지 말씀
생생히 들리는 듯하다

아직은 실감이 나지 않는다
꼭 살아계시는 것만 같다

뒷산
비둘기 구구구구
엄마 죽고

아빠 죽고
나 혼자 어이 살라고
구구구구 구구구구

봄이면 늘 듣는
비둘기 울음소리
오늘따라 더욱 구슬프다.

망각 속에 함몰되지 않는 것이 아버지에 대한 기억이다.

이미 내 곁을 떠난 아버지이지만

동구 밖 느티나무가 언제나 마음속에서

푸르게 흔들리고 있듯이

아버지는 내 삶 속에서 언제나 나를 지켜주고 있다.

나는 나무를 이해한다. 김이듬

새 한마리가 다른 새에게 날아와
묻는다 어디 아프니? 그만한 걸 갖고
그날 저녁 죽은 새는 처음의 그 새
별 아파 보이지도 않았던 조그맣던
흰 건물의 옥상에는 꽃에 가까운 나무가 있다
거기로의 통로가 어딘지 모르고
거기에 사람이 드나드는 것을 본 적 없다
나무가 이동하는 일도 없다 흔들릴 뿐
나는 내가 볼 수 있는 각도로 나무를 이해한다
보는 것만으로
제법 먼 거리 턱을 들어 보이는 건너편
나무의 뿌리에 관해서는 자신 없다
화분에 묻혀 있으리라 짐작하지만 어떻게 저기 있게 된 거지
어두운 건물 위에 나무가 있다
건물의 용도와 나무의 관계처럼
옥상 위의 나무는 구름에 관해서만 집중하는 듯
나무를 보며 전화를 받는다

죽었을까 확인하려고 걸었어 대인기피증이냐며
힐난하는 친구야
한창인 시절의 나무를 본다
왜 아까워라, 아까워라 하는지
반짝하는 한 철, 그냥 늙히기엔 아깝다면
달리 뭘 하라는 거니, 먼 옥상엔나무

사과나무의 삶을 본다.

나이테가 나무의 삶은 아니다.

일 년 동안 매달아 놓은 사과 알맹이도

나무의 삶이라 하기에는 미흡하다.

나무의 그림자는 점점 푸르러진다.

잊지 말아야 할 것이 무엇인지 꼽아볼 때가 되었다.

소중한 것을 찾아낼 줄 알아야 한다.

별을 꿈꾸며 _{하수정}

별을 노래하던 윤동주 시인도
별 보며 점치던 페르샤 왕자도
그 별의 마을에서 또 다른 별이 되었다.
솟구치는 열정, 백만 광년
가슴에 담지 못해
너울너울 위협하는 달빛 바람
숨죽이며
시신(詩神)의 빛 목말라하며
나 또한 찬란한 별이고 싶었다.
격리된 나환자 짓무르는 손끝에서
진물 나는 나의 길이여
이젠 아듀!
소리 내어 크게 비웃어 줄 테다.
달빛도 바람도 날 흔들진 못해!
난 어느 새 눈부신 씨리우스
아, 끝없이 목이 마르다.

별에 말을 걸면 대답을 들을 수 있던 때가 있었다.

모깃불 연기 휘돌던 마당 평상 위에서

하늘의 별을 보며 잠들던 시절

꿈은 어느새 밤송이 껍질처럼 벌어져 버렸다.

별은 그 자리에 있어도

나는 너무 멀리 지나와 버렸다.

고니 발을 보다   고형렬

고니들의 기다란 가느다란 발이 눈둑을 넘어간다
넘어가면서 마른
풀 하나 건들지 않는다

나는 그 발목들만 보다가 그 상부가 문득 궁금했다 과연 나는
그 가느다란 기다란 고니들의 발 위쪽을 상상할 수 있을까

얼마나 기품 있는 모습이 그 위에 있다는 것을

고니 한 식구들이 눈밭 위에서 걸어가다가 문득 멈추어 섰다
고니들의 길고 가느다란 발은 정말 까맣고
윤기 나는 나뭇가지 같다
(그들의 다리가 들어올려질 때는 작은 발가락들이 일제히 오
므라졌다
다시 내디딜 땐 그 세 발가락이 활짝 펴졌다)
아 아무것도 들어올리지 않는!

반짝이는
그 사이로 눈발이 영화처럼 날아가고 있었다
그런데 마치 내게는 그들의 집은 저 눈 내리는 하늘 속인 것 같았다
끝없이 눈들이 붐비는 하늘 속

고니들은 눈송이도 건들지 않는다

보이지 않는 곳에서 노력하는 것이 아름답다.

보이는 곳에서 화려한 것은 그것으로 아름답지만

보이지 않는 곳에서 묵묵히 자신의 일을 하는 것은

화려하지 않아도 절망적이지 않다.

무슨 일인지 중요하지 않아도 믿음이 있는 것이다.

화장장에서 하성자

따뜻한 사각 방이다.
차가운 네 허물 품어주는
참 따뜻한 방이다.
그래서 따뜻한 웃음이 난다.
뜨거운 인생이었다. 뜨거운 너였다.
차갑게 떠난 네가 뜨거움으로 온다.
차갑던 눈물이 남은 슬픔에 끓는다.
초고온 방에서 너는 탈을 벗는다.
너는 거듭나고 나의 탈은 남는다.
너는 없다, 내게. 나도 없다, 너에게.
급냉 - 마지막 인정이 너를 식힌다.
뜨거운 인생이었느니,
한번쯤 냉정해져 보아라.
아직 따뜻한 너를 한 항아리 담는다.
슬픔과 슬픔이 동행하면 서로가 닳을 뿐
차가운 이별이 왜 뜨거운 만남인 것이냐.
만남과 이별은 본래 온도가 없는 것이다.
사랑하였다.

마지막에 남길 수 있는 것은

아무리 둘러보아도 없다.

그냥 바람처럼

잠시 먼지만 일으키고는

떠나는 것이다.

잊혀지는 것이 포근하다.

석간수石間水 허 일

그날 일은
다 지운 줄 알았지요
그 눈물이

시방
늙은 눈시울을 비집는
이 눈물은

바위가
흐르면 흐르는대로
따라 흐르라네요.

거울을 닦다가
거울을 닦으면서
생각을 닦습니다

생각을 닦으면서
눈물을 닦습니다

내 눈에
눈물나게 한
아아 그도 지워집니다

눈물이 고맙다

눈물 흘리지 못한다면

목숨 남아 있지 않을 사람 참 많다.

마음 놓고 울 수 있어야

용서할 수 있어질 것이다.

다시 굴참나무처럼 설 수 있을 것이다.

바다의 고향 정영란

오뉴월 뙤약볕 아래 나체를
핥고 지나간 쪽빛 바닷가
물결 한 묶음 안고 소리치던 젊음,
마음껏 뛰놀던 우윳빛 육체들도
혀끝 짠 물결 위 펄럭이는 고향으로 돌아갔다
원시를 그리워하던 바다는 타향을 잊고
어스름 붉게 물든 수평선 위로 떠나는
배들에게
나지막한 노래 수묵화로 펼쳐 보이며
다시 고향의 바다로
누웠다. 누워 꿈꾸고 있다.

항구에 서서 바다를 보는 것은 수채화를 보는 것이다.

떠나는 배에서 항구를 보는 것은

불안감 위에 모든 것들이 떠다니는 것이다

언젠가 내가 돌아왔을 때

그대는 나를 현재로 그리워하고 있을까가

두려운 것이다.

한 사람을 사랑했네 1 이정하

삶의 길을 걸어가면서
나는, 내 길보다
자꾸만 다른 길을 기웃거리고 있었네.

함께한 시간은 얼마 되지 않았지만
그로 인한 슬픔과 그리움은
내 인생 전체를 삼키고도 남게 했던 사람.
만났던 날보다 더 사랑했고
사랑했던 날보다
더 많은 날들을 그리워했던 사람.
뜬눈으로 밤을 지새우다
함께 죽어도 좋다 생각한 사람.
세상의 환희와 종말을 동시에 예감케 했던
한 사람을 사랑했네.

부르면 슬픔으로 다가올 이름.
내게 가장 큰 희망이었다가
가장 큰 아픔으로 저무는 사람.

가까이 다가설 수 없었기에 붙잡지도 못했고
붙잡지 못했기에 보낼 수도 없던 사람.
이미 끝났다 생각하면서도
길을 가다 우연히라도 마주치고 싶은 사람.
바람이 불고 낙엽이 떨어지는 날이면
문득 전화를 걸고 싶어지는
한 사람을 사랑했네.

떠난 이후에도 차마 지울 수 없는 이름.
다 지웠다 하면서도 선명하게 떠오르는 눈빛.
내 죽기 전에는 결코 잊지 못할
한 사람을 사랑했네.
그 흔한 약속도 없이 헤어졌지만
아직도 내 안에 남아
뜨거운 노래로 불려지고 있는 사람.
이 땅 위에 함께 숨쉬고 있다는 이유만으로도
마냥 행복한 사람이여,
나는 당신을 사랑했네.
세상에 태어나 단 한 사람
당신을 사랑했네

매 순간/불타는 노을처럼 너를 사랑했다./하루의 모두를 모아서 불타고

죽으리라./사랑하고 죽으리라./바람에 날리는 재의 파편들로 사라지리라./

행복했었다고 말할 수 있다.

바람에 기대어 김정희

지나간 가을,
낙엽은 여지껏 바스락이는 몸
바람에 떠밀려 산으로 갔다.
백발이 고운 그녀는 어김없이
꽃이 피기 시작한 감자 밭에 앉았다.
새벽이슬에 잡초는 울부짖듯 자라나고
백발이 고운 그녀의 호미는
그 그립던 날들을 뿌리 뽑아
잡초처럼 울부짖어 보아도
다시금 고개를 드는 질긴 그리움…

언제부터인가 백발이 고운 그녀와
그림자 나란히 누웠다.
그녀, 나나 한 올 먼지 같아서
유월, 아카시아 흰 향기에 묻힌
잃어버린 낮별과 그리움을 찾아
내 가슴 한켠 어두운 밤으로 묻자.

백발이 고운 그녀의 시간은
가녀린 손목에 오래 남아있는 시계
그 세월도 낡아서 아름답게
빙빙 돌며 노래를 한다.
해거름 길
손에 든 그녀가 들어준 한 그릇의 위로,
창가에 섰다.
밤바다엔 낮별이 등불을 켜고
그녀의 들창가에도 들꽃이 만발하여라.

나이가 들었다는 것이 제일 먼저 충격을 주는 것은

콧속에 반짝이는 흰색 털이다.

그 다음이 목의 주름이고 또 손등의 탄력이다.

어느새 머리카락의 양이 절반 정도로 줄어든 것을 느낀다.

이제 나이 들어 즐거운 것들을 찾기로 했다.

기다린다는 것에 대하여   _{정일근}

먼 바다로 나가 하루 종일
고래를 기다려본 사람은 안다
사람의 사랑이 한 마리 고래라는 것을
망망대해에서 검은 일 획 그으며
반짝 나타났다 빠르게 사라지는 고래는
첫사랑처럼 환호하며 찾아왔다
이뤄지지 못할 사랑처럼 아프게 사라진다
생의 엔진을 모두 끄고
흔들리는 파도 따라 함께 흔들리며
뜨거운 햇살 뜨거운 바다 위에서
떠나간 고래를 다시 기다리는 일은
그 긴 골목길 마지막 외등
한 발자국 물러난 캄캄한 어둠 속에 서서
너를 기다렸던 일
그때 나는 얼마나 너를 열망했던가
온몸이 귀가 되어 너의 구둣발 소리 기다렸듯
팽팽한 수평선 걸어 내게로 돌아올

그 소리 다시 기다리는 일인지 모른다
오늘도 고래는 돌아오지 않았다
바다에서부터 푸른 어둠이 내리고
떠나온 점등인의 별로 돌아가며
이제 떠나간 것은 기다리지 않기로 한다
지금 고래가 배의 꼬리를 따라올지라도
네가 울며 내 이름 부르며 따라올지라도
다시는 뒤돌아보지 않겠다
사람의 서러운 사랑 바다로 가
한 마리 고래가 되었기에
고래는 기다리는 사람의 사랑 아니라
놓아주어야 하는 바다의 사랑이기에

울릉도로 가는 배를 타고 고래들을 만난다. 그들의 노래를 들으며 나는 얼마나 작은지를 안다. 동생 때문에 대학 합격증을 모셔두고 은행의 돈 썩는 냄새에 젊음을 바친 누나를 잊을 수 없다.

절대로 잊어서는 안 되는 것이 있다는 말이다.

숲의 사계(四季) 고산지

〈봄〉

예감豫感과 함께 햇살이 돌아오면
멀리서 들려오는 우렛소리
돌밭에는 따스한 정령情靈들이 뒹굴고
잠에서 깨어난 시냇물은
메마른 강둑에 욕망을 일깨운다.
메아리와 함께 마파람이 불고
황토 빛 벌판이 들뜨기 시작한다.
개암나무 뿌리는 달콤한 수액에 취해
여린 빛을 터뜨리고
가지가지마다
투명한 쾌락이 소름처럼 돋아난다.

〈여름〉

작렬하는 계절이
빗발을 후득이며 찾아오면

떡갈나무 이파리의
빛나는 청정淸淨함

마른 번개
묻어있는 애욕愛慾이
폭풍처럼 몰아치는 관능의 숲

푸른 이끼는
바위에 생명을 불어 넣고

무성한 잡목림雜木林 속
거친 꿈, 꾸는 깊은 그늘이다.

〈가을〉

소슬바람에 쫓기어 여름 사위어 간
자작나무 숲은
찰진 햇볕으로 나뭇잎 붉게 타오르고
스스로를 태우다
흔들리며 떨어지는
잎새의 침묵은
소진消盡한 날들의
장엄長嚴한 성찰이러니……

〈겨울〉

고샅길을 구르던 가랑잎
개울물에 떨어져
차가운 숨결 내 품고

나이테에 둘러싸인
견고한 시간을
음각하던 겨울 철새 울음
나뭇잎의 찬란한
이야기를 거두어들이면

앙상한 은사시나무 가지 끝
말갛게 맺힌 햇살 여운이
거부하지 않는 은백색 꿈은
지고의 순수 때문이다.

계절의 시작을 가을에서 해본다.

가을, 겨울, 봄, 여름.

아니면 겨울에서 이 계절을 시작해도 좋다.

겨울을 봄을 준비하는 시간으로 본다면

오히려 '이것이다'는 생각이다.

말갛게 맺힌 햇살 여운이

거부하지 않는 은백색 꿈은

지고의 순수 때문이다.

소주병 공광규

술병은 잔에다
자기를 계속 따라주면서
속을 비워간다

빈 병은 아무렇게나 버려져
길거리나
쓰레기장에서 굴러다닌다

바람이 세게 불던 밤 나는
문 밖에서
아버지가 흐느끼는 소리를 들었다

나가보니
마루 끝에 쪼그려 앉은
빈 소주병이었다

아버지의 몸은 너무 가벼워져 있다

뼛속이 비어서 텅텅 목탁 소리가 난다

비워질수록 별이 들어차는 술병처럼

아버지의 빈 몸속에 들어가는 건 뭘까

삶을 모두 내어놓고 이제는 기다리는 일만 남았다

바람이 별나무 밑을 지나간다

동백꽃 차애련

긴긴 밤들이 겹겹이
불면의 고독에 뿌리 내려
상처마다 붉게 물든 시간이
고통의 절대 시간을 넘겨
흘린 피가 아름다운 꽃으로 피었다.
동해 바닷가 어디쯤에서는
찬 서리 바람 속에 붉게 웃는 꽃의
슬픔이 겹겹의 바다를 건너와
목을 놓아 흔들리며 종을 친다.
내가 살아가면서
너에게 전하지 못하는
허공 속에 떠도는 말들을
겹겹의 붉은 웃음으로 전해주는
너는, 빨간 동백꽃이다.

밤마다 이루지 못한 상처가 슬금슬금 기어 나와 만질 수 없는 시간이 되어 서성이면

동해 어디쯤 붉은 동백이 어둠에 흘러 내 슬픈 상처를 어루만져 준다. 삶이 힘겹고 고단한 것은 한 송이 동백이 더욱 붉게 웃기 위한 시험이 아닐까

작가소개

숲의 사계_고산지 zero-ko@hanmail.net
흙집_고영민 amond000@hanmail.net
고니 발을 보다_고형렬 sipyung2000@hanmail.net
소주병_공광규
마음 울렁거리는 날 시장에 간다_권경자 angel4415@hanmail.net
꽃동네_권영주 yg3po3@hanmail.net

적응한다는 것은_김금주 wwwgreen@hanmail.net
절로_김미화 kskhb9933@hanmail.net
고요를 뒤척이다_김상은 silver2616@hanmail.net
시골 풍경_김순희 sonmyh@hanmail.net
날개를 가지고_김영태 kskhb9933@hanmail.net
첫눈_김운기 luxveri@hanmail.net

박수의 힘_김원중 kskhb9933@hanmail.net
나는 나무를 이해한다_김이듬 idumkim@hanmail.net
바람에 기대어_김정희 dasui0042@hanmail.net
꽃은 바람 앞에 선다_김중영 matthkim@hanmail.net
너 있는 그곳에_김혜정 dsb2ljb@hanmail.net
눈의 나라_김후란 hurankim@hanmail.net

따르르_ 나태주 tj4503@naver.com
물의 말_ 류인서 iyuksy@hanmail.net
신차 출고_ 마경덕 gulsame@naver.com
옛 집_ 박문자 it6510@hanmail.net
봄날_ 박복순 haejee1255@hanmail.net
바다에 누워_ 박해수 kskhb9933@hanmail.net

거미_ 변호정 soor17@hanmail.net
얼음호수_ 손세실리아 soncecil@hanmail.net
강_ 신광철 onul57@hanmail.net
겨울 초대장_ 신달자 dalja@hanmail.net
히루안돈_ 신승아 sunasyn@hanmail.net
겨울 강가에서_ 안도현 ahndh61@chollian.net

어머니의 노래_ 엄혜경 eum7000@hanmail.net
당신의 노을_ 염창권 gilgagi@hanmail.net
새벽의 노래_ 오인자 ansdiswk2580@hanmail.net
국_ 오정미 oh540@hanmail.net
눈사람_ 유안진 anjyoo@hanmail.net
떠밀리는 삶 _ 유영호 yl1999@hanmail.net

작가소개

가을_ 유자효 yoojahyo@hanmail.net
아버지 생각_ 이문조 lmj5688@hanmail.net
사랑했다는 사실_ 이생진 sj29033@hanmail.net
가슴이 아플 때는_ 이수화
짙진 자를 위하여_ 이승하 shpoem@naver.com
삐알밭_ 이영주 kskhb9933@hanmail.net

나비_ 이재관 jack2816@hanmail.net
한 사람을 사랑했네 1_ 이정하 ha3725@nemobooks.com
6월의 장미_ 이해인 nunbird88@hanmail.net
그리운 시냇가_ 장석남 sssnnnjjj@hanmail.net
해인사에 짧은 하루_ 장일선 jls9329@hanmail.net
그만 파라 뱀 나온다_ 정끝별 jbuyl64@yahoo.co.kr

꽃문양_ 정설연 solvitneo@hanmail.net
바다의 고향_ 정영란 jlan47@hanmail.net
기다린다는 것에 대하여_ 정일근 cik0728@hanmail.net
등신불_ 정호승 mindbooks@hanmail.net
동백꽃_ 차애련 cjs6190@hanmail.ne
그리움, 슬픔이라고 말하지 말자 _ 최석근 shemf815@hanmail.net

해거름의 시_ 추은희
화장장에서_ 하성자 slc6055@hanmail.net
별을 꿈꾸며_ 하수정 aedam1001@hanmail.net
자주 감자꽃_ 한상화 gurum1218@hanmail.ne
가랑잎_ 허영자
석간수石間水_ 허 일 hi341010@hanmail.net

가보지 못한 곳_ 허형만 hhmpoet@hanmail.net
시소_ 홍미영 my3788@hanmail.net
등대지기_ 황금찬